1 Счастливый билет

— Лишнего билетика? Нет ли у вас лишнего билетика? – спрашиваю я чуть не у каждого проходящего ... Нас много, жаждущих попасть в театр ... У меня цель – достать билет, любой ценой попасть на спектакль. И я спрашиваю, спрашиваю, вместе с такими же, как я, не теряю надежды до самого последнего момента ... Менее активные не бегают перед входом, а занимают очередь в кассу, хотя кассирша ничего не обещает, и висит плакат, что все билеты проданы. Но люди стоят ... Я не стою в очереди, это для меня давно пройденный этап, я надеюсь на лишний билет, и мне чаще всего везет, наверное потому, что я очень этого хочу, потому, что для меня это очень важно.

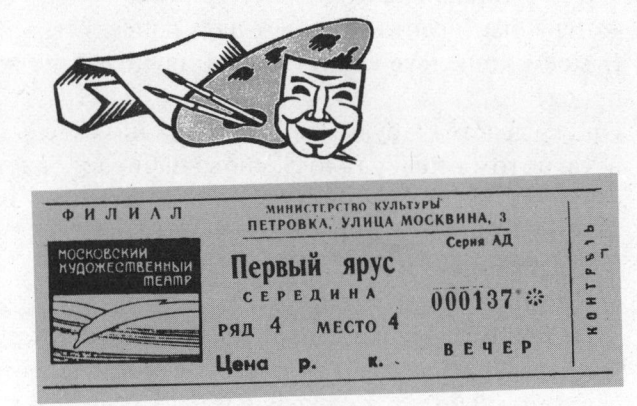

Театр я полюбила еще со студенческих лет. В театре никто, никто не чувствует себя одиноким. Я не знаю, как бы я жила без театра!
Желающих становится все больше, а шансов попасть все меньше. Я прохаживаюсь у входных дверей ...
Молодой мужчина, парень, неброский, очень скромный на вид, давно стоит здесь, билетов не спрашивает, с беспокойством всматривается в толпу. А время идет ... Но вот вестибюль пустеет, в раздевалке гаснет свет. Безбилетники начинают расходиться ...

Лишнего билетика!
Лишнего билетика!

И вдруг приближается ко мне этот парень.
– Послушайте, девушка ... начинает он неопределенно.
– Да? – спрашиваю я, почему-то робея.
30 – Девушка, у вас это ... нет двух копеек?
В моем кошельке единственная двушка, мне жалко, очень жалко отдавать ее. Но парень просит ...
Он скрывается в будке автомата, видно сквозь стекло, как набирает номер, долго ждет ответа, потом вешает трубку, снова набирает, ждет ... Наконец выходит, нахмуренный.
35 – Значит, так, – говорит очень по-деловому, – разрешите пригласить вас в театр.
– Меня? – спрашиваю я, растерянная.
– Кого же еще? Вас!
– Но может быть ... придут?
– Не придут! – резко говорит парень и машет рукой.
40 И впервые, непонятно отчего, у меня пропадает желание идти в театр. Мне нужен лишний, счастливый билет, я не хочу идти по чужому билету.
– Давайте скорее, опаздываем, – торопит он.
И тут происходит самое смешное. Мы подходим к билетерше, она берет в руки наши билеты, потом смотрит на нас, как на сумасшедших.
45 – Вам же не сюда! – восклицает она. – Это билеты совсем в другой театр.
– Да ну? – говорит парень. Здорово! – И в голосе его радость, и в голосе его торжество.
Он хватает у билетерши свои билеты, кивает мне на прощание и бежит, бежит к тому, другому театру, где его ждут.

(375 слов)

А. Родин (Из: О. В. Вишнякова, Короткие рассказы. Издательство „Русский язык", Москва 1981, с. 72–75.)

Пояснения к тексту
3 **проходящий** ср. проходить – 4 **жаждать** (несов.) очень хотеть – 10 **занимать очередь** sich in die Schlange stellen – 14 **пройденный** ср. пройти – 16 **мне везёт** ich habe Glück – 19 **одинокий** einsam – 22 **прохаживаться** (несов.) auf und ab gehen – 24 **неброский** unauffällig – 24 **на вид** dem Aussehen nach – 25 **всматриваться** (несов.) смотреть внимательно – 25 **толпа** hier: Menschenmenge – 26 **раздевалка** гардероб – 28 **неопределённо** hier: undeutlich, undefinierbar – 29 **робеть** (несов.) zaghaft, schüchtern sein – 31 **кошелёк** Portemonnaie – 31 **двушка** двухкопеечная монета – 33 **скрываться** (несов.) hier: verschwinden – 33 **сквозь стекло** hier: durch die Fensterscheibe – 34 **нахмуренный** mit finsterem Gesicht – 36 **растерянный** verstört, bestürzt – 39 **махать** (несов.) hier: abwinken – 40 **пропадает желание** hier: die Lust vergeht – 44 **сумасшедший** Irrer, Verrückter

А. Задания к тексту

Ответьте на следующие вопросы.
1. Где и когда происходит действие рассказа?
2. Что рассказывает девушка об её отношении к театру?
3. Почему молодой мужчина не входит в театр, хотя у него есть билет?
4. С какой просьбой он обращается к героине рассказа?
5. Какой билет она считает счастливым?
6. Чем заканчивается эта история?

Б. Задания по лексике и грамматике

1. Zeile 4: У меня цель.
   a) Verneinen Sie diesen Satz!
   b) Setzen Sie den verneinten Satz ins Präteritum!
2. Zeile 9: менее активные
   Zeile 15: Чаще всего
   Zeile 41: по чужому билету
   Nennen Sie Antonyme zu den unterstrichenen Wörtern!
3. Zeile 11: кассирша ничего не обещает
   Ersetzen Sie das unterstrichene Wort durch folgende Wörter: места, билеты, помощь.
4. Zeile 14: давно пройденный этап
   Bestimmen Sie die unterstrichene Wortform!
   Ersetzen sie die Wortverbindung durch eine synonyme syntaktische Konstruktion!
5. Zeile 16: мне везёт
   a) Nennen Sie die Infinitivform des unterstrichenen Wortes!
   b) Setzen Sie die Aussage ins Präteritum!
6. Zeile 22: желающих (попасть в театр) становится больше
   a) Bestimmen Sie die unterstrichene Wortform!
   b) Ersetzen Sie die unterstrichene Wortform durch eine synonyme syntaktische Konstruktion!
7. Zeile 26: безбилетники
   Geben Sie eine Definition dieses Begriffes in Russisch!

В. Перевод

Переведите отрывок из статьи, напечатанной в журнале „Музыкальная жизнь", 1/1992, о выступлении известных рок-групп в Москве.

Москва – Тушино-91:
„АС/ДС" * „Металлика" * „Пантера" * „Блэк-Кроуз" * „ЭСТ"

5 Слух о том, что в Москву приедут боги тяжелого металла, вызвал однозначную реакцию фанов: „Не может быть, это провокация." Лишь за день до фестиваля было сообщено, что он состоится 28 сентября в 14.00 на Тушинском аэродроме. Причем бесплатно. С участием (кроме вышеупомянутых групп) американских пауэр-металлистов „Пантера", рок-н-ролльщиков „Блэк Кроуз" и наших столичных трэшевиков „ЭСТ" („Электросудорожная
10 терапия") . . .

И вот то, о чем даже не мечтали отечественные рокеры, свершилось: на сцене „Металлика"! Рев 750 тысяч заглушил первые аккорды гитары Джеймса Хэтфилда. Группа
15 не ожидала подобного приема. После четырех песен Джеймс уверенно заводил „зал": „Ну-ка, повторяйте за мной! Нет, плохо. Еще раз! Опять плохо! . . ." Фаны постепенно косили от восторга. Пели они, изум-
20 ляя своим знанием песен „Металлику". И она, со своей стороны, порадовала фанов своим знанием русского языка!
– Болшье пива! На-здо-ровь-е! До-зви-дань-я! – кричали музыканты . . . После всевозможных „Сенк ю, Москоу!" ребята покинули сцену. Публика напоминала вытащенных из воды рыб.

(149 слов)

(Алена Палажченко)

Пояснения к тексту
5 **бог** Gott – 9 **электросу́дорожная терапи́я** Elektroschocktherapie – 12 **сверши́ться** (сов.) in Erfüllung gehen – 13 **рёв** Gebrüll, Geheul – 13 **заглуши́ть** (сов.) hier: übertönen – 19 **коси́ть от восторга** in Begeisterungstaumel geraten – 19 **изумля́ть** (несов.) in äußerstes Erstaunen setzen – 23 **поки́нуть** (сов.) verlassen

Г. Сочинение

Вот разные мнения молодых людей о том, что дают им художественная литература, театр, кино, музыка . . . Выскажите ваши мысли к одному из этих мнений (120–150 слов).
1. Я считаю, что театр приносит пользу, а именно тем, что воспитывает нас нравственно, учит жить, заставляет волноваться и радоваться.
2. Я предпочитаю не читать, а слушать, а еще лучше слушать и смотреть. Если мне предложить посмотреть фильм или прочитать книгу на ту же тему, то я скорее выберу фильм.
3. Я не люблю серьёзную литературу – классику. Меня увлекают современные фантастические повести и детективы. Я считаю, что длинные романы классиков – дело прошлого, а будущее принадлежит коротким вещам, в которых на каждом шагу происходит действие.
4. Мне более понятно современная музыка; в ней можно найти то, что нас действительно волнует, чему мы радуемся, и что нас огорчает . . . Народная музыка отвлекает людей от их проблем и уводит их в мир иллюзий.

2 Выше, мои собаки, выше!

„Книга рекордов Гиннесса. Настоящим подтверждается, что Павел Смолин из Свердловска занесен в „Книгу рекордов Гиннесса" как каюр, поднявшийся на высоту 6400 с упряжкой из шести ездовых собак: Таймыр, Север, Боб, Тишка, Марсик, Мишка. 20 августа 1990 года".

Мы возвращаемся с Памира. Я целый месяц ждал этого момента, когда можно будет думать о результатах экспедиции. Уходя в большую дорогу, трудно быть уверенным в том, что все вернутся живыми. Но сейчас все позади.

... Мы предполагали подняться с упряжкой ездовых собак на вершину Раздельную (6200 метров) и установить тем самым рекорд. Но по приезде узнали, что незадолго до нас на эту вершину поднялись с упряжкой из четырех собак французы. Сейчас перед нами стояла задача — подняться выше вершины Раздельной. ...

Базовый лагерь находился недалеко от Международного альпинистского лагеря на высоте 3600 метров.

В первый же день я все утро пробегал по ущельям в поисках снега для рыбы — 300 килограммов собачьего корма! — а потом вертолетом вместе с ребятами-альпинистами полетел на 4200, где мы закопали рыбу в ледник. Когда установили лагерь и стали собираться вниз, у меня закружилась голова, слабость. Меня колотило. ... В общем, все признаки горняшки. Потом четверо суток лежал в палатке. Четверо суток переживал за собак, которые ушли без меня с ребятами на 4200. Правда, две вернулись — Мишка и вожак упряжки Таймыр, который признает только хозяина.

Поправившись, вышел с группой альпинистов в лагерь на 4200. По пути повстречали проводника с поисковой овчаркой (на высоте 5300 велись поиски погибших альпинистов). Лапы у нее были забинтованы. Знакомые альпинисты говорили, что она чувствовала себя на высоте плохо — ее рвало. Мне кажется, это связано с недостаточной акклиматизацией (наши собаки имели для нее время). ...

В лагере собаки встретили меня дружным лаем. Осмотрел у всех лапы. В целом, все нормально. Аппетит у собак хороший — съели по 15 штук рыбы. Только Мишка и Таймыр отказались от нее. Пришлось кормить их хлебом, а это плохо. Остальные собаки будут им завидовать и мстить — таковы законы упряжки.

А потом были акклиматизационные выходы на 5300.

Отправлялись без нарт. Собаки бежали рядом, осторожно обходили трещины по снежным мостам ...
Когда выходы закончились, неожиданно испортилась погода. Поднялся сильный ветер. Утром палатки базового лагеря были покрыты снегом. И мы теряли дни, сидя здесь. ...
И все же настал день, когда мы покинули базовый лагерь, чтобы вернуться или с победой, или ... Вертолет отвез нас на высоту 4200. Оттуда пешком вверх, собаки в свободном поиске, так как нарты у нас стоят на 5300. Погода хорошая. Солнечно. Идется легко ... Пролетел вертолет; из его окошек нам махали руками знакомые немцы-альпинисты. Они делали облет трех памирских семитысячников.
Рядом идут Таймыр, Пушкарик, Старый, Тишка, Мишка; Боба ведут на цепи, так как недавно он устроил крупную драку.
Далеко вперед убежали Марсик с Севером. Вдруг слышу голос Володи Рыкшина:
— Паша! У тебя собаки все на месте? Лай откуда-то снизу слышен!
Смотрю и вижу, что один собачий след кончается у черной трещины. Пересчитываю собак — нет Севера. Мы срочно организовали спасгруппу и направились к трещине. Опустили Виктора Шадрина, и тут же мы услышали:
— Север здесь, я его вижу! Вроде целый! Давайте рюкзак ...
На склоне вершины Раздельной нас остановили глубокий снег и ветер. Дует слева и сзади, скорость до 25 метров в секунду. В такую погоду идти невозможно! Освободили собак и вместе с ними, оставив нарты, ушли вниз на 5300.
На следующий день, 20 августа, небо было безоблачным. Запрягли собак. Всего около двух часов затратили, чтобы подняться на вершину. Вот она, высота 6200! Часа полтора отдохнули. Пульс — 120 ударов в минуту. Хочется полежать еще полчаса, но мы собираемся и идем дальше. Склон довольно крут, местами до 50 градусов. Слева и справа снежные пропасти. Сделаешь шагов пять — десять и не можешь отдышаться. Собаки чувствуют себя хорошо. Нарты с тонким титановым полозом идут по камням легко. ...
Все! Пришли! Высота 6400 метров! Мы первые, первые в мире, кто покорил высоту 6400 с упряжкой ездовых лаек. ...

(588 слов)

Павел Смолин (Из журнала „Вокруг света", 6/1991, с. 48–51.)

Пояснения к тексту

4 **упряжка ездовых собак** ein Gespann Zughunde – 4 **вершина** Gipfel, Spitze – 10 **ущелье** Schlucht, Kluft – 10 **поиски** (мн. ч.) Suche – 11 **корм** Futter – 12 **закопать** (сов.) vergraben, eingraben – 12 **ледник** Gletscher – 13 **у меня закружилась голова** mir war schwindlig – 13 **меня колотило** hier: ich hatte Schüttelfrost – 13 **признаки горняшки** Symptome der Höhenkrankheit – 14 **переживать** (несов.) sich sorgen, sich beunruhigen – 16 **признавать** (несов.) anerkennen – 18 **овчарка** Schäferhund – 19 **лапа** Pfote – 20 **её рвало** hier: er (der Hund) übergab sich, erbrach – 22 **лай** Gebell – 24 **завидовать** (несов.) neidisch sein – 25 **мстить** (несов.) sich rächen – 27 **нарты** (мн. ч.) Hunde-, Rentierschlitten – 27 **трещина** Felsspalte – 29 **испортиться** (сов.) sich verschlechtern – 36 **цепь** Kette – 41 **спасгруппа** спасательная группа – 44 **склон** Hang, Abhang – 50 **крутой** steil – 51 **отдышаться** (сов.) Luft holen, Luft bekommen – 54 **лайка** Jagd- und Schlittenhund

Name:	Klasse:	Datum:	Text 2

А. Задания к тексту

Ответьте на следующие вопросы.
1. Кто участвовал в этой экспедиции?
2. Как проходила подготовка к восхождению на высоту 6400 метров?
3. Как реагируют люди и животные на изменение высоты?
4. Что вы узнали об отношениях между людьми и собаками?
5. Что осложняло восхождение на гору?
6. Как вы относитесь к такого вида рекордам?
7. Как вы думаете, почему люди взбираются на горы, рискуя жизнью?

Б. Задания по лексике и грамматике

1. Zeile 2: <u>Уходя</u> в большую дорогу, трудно быть уверенным ...
   a) Bestimmen Sie die unterstrichene Wortform!
   b) Ersetzen Sie die unterstrichene Wortform durch eine synonyme syntaktische Konstruktion!
2. Zeile 6: перед нами
   Zeile 12: стали собираться вниз
   Zeile 15: ушли без меня
   Zeile 44: дует слева и сзади
   Schreiben Sie die gegebenen Wortverbindungen und ersetzen Sie dabei die unterstrichenen Wörter durch die entsprechenden Antonyme!
3. Zeile 8: недалеко от альпинистского лагеря
   Ersetzen Sie in der gegebenen Konstruktion die unterstrichene Wortverbindung durch die folgenden Wortverbindungen: чёрная трещина, наши палатки, туристский путь.
4. Zeile 12: полетел на 4200
   Zeile 26: выходы на 5300
   Schreiben Sie die Zahlen als Zahlwörter!
5. Zeile 14: четверо суток
   Zeile 24: пришлось кормить
   Zeile 47: около двух часов
   Ersetzen Sie die gegebenen Konstruktionen durch synonyme Konstruktionen!
6. Zeile 6: поднялись
   Zeile 27: отправлялись
   Zeile 27: обходили
   Nennen Sie zu jeder Wortform den anderen Aspekt!
7. Zeile 35: семитысячники
   Definieren Sie diesen Begriff in der im Text gebrauchten Bedeutung!

Name: Klasse: Datum: Text 2

В. Перевод

Переведите следующие информации из „Книги рекордов Гиннесса", которая выходит на русском языке с 1990 года.

— Самой большой средневековой крепостью в мире является Московский Кремль, построенный в XIV – XV вв. (площадь: 27,5 га).
— Орудием самого большого в истории калибра является Царь-пушка, установленная в Московском Кремле. Она была отлита в 1586 г. Ее калибр – 890 мм.
— Самый тяжелый колокол в мире – это Царь-колокол, отлитый в 1735 г. в Москве. Он весит 202 т и имеет 6,6 м в диаметре при высоте 6,14 м.
— Самая длинная система каналов в мире – Волго-Балтийский водный путь. Сооружен в начале XIX в. Его длина 1100 км.
— Самой длинной в мире железнодорожной дорогой считается Транссибирская магистраль протяженностью 9438 км от Москвы до Находки. Чтобы проехать по ней из конца в конец на скором поезде № 1, необходимо 8 дней 4 ч 25 мин.
— Самая крупная в мире коллекция старых вин (около 800 тыс. бутылок) принадлежит производственно-аграрному объединению „Массандра", Ялта. Ее начал собирать русский винодел князь Л. С. Голицын.
— 14 февраля 1990 г. редакторы английского и русского изданий „Книги рекордов Гиннесса", измерив длину очереди в московский „Макдональдс", назвали ее самой длинной в мире очередью в закусочную быстрого обслуживания. Оказалось, что в 275-метровой очереди стояло около 1500 человек.

(181 слово)

(Из „Книги рекордов Гиннесса", Москва Прогресс, 1991.)

Пояснения к тексту
3 **крепость** Festung – 5 **орудие** Geschütz – 5 **пушка** Kanone – 7 **колокол** Glocke – 14 **принадлежать** gehören – 18 **измерить** (сов.) messen – 19 **закусочная** Imbißstube

Г. Сочинение

Напишите сочинение (120–150 слов) на одну из следующих тем:
1. Спорт
   (Мои спортивные интересы; спортивные занятия и традиции в нашей школе; об одном спортивном соревновании; роль спорта в нашей семье и т.д.).
2. Человек и животное
   Уже с древних времён люди старались приучить животных служить им. Трудно представить себе нашу жизнь без таких животных, как кошки и собаки. Они стали нашими друзьями. Напишите, как вы относитесь к животным и вообще к проблемам, которые касаются фауны и флоры нашей планеты.

3 Неделя как неделя

Понедельник
Я бегу, бегу и налетаю на Якова Петровича. Он просит меня к себе:
— Учитывая ваши способности, мы перевели вас на вакантное место младшего научного сотрудника ... Нас несколько беспокоит ... м-м-м, что вы недостаточно аккуратно относитесь к работе ...
Я молчу. Я люблю свою работу. Мне не кажется, что я работаю неаккуратно. Но я часто опаздываю, особенно в понедельник. Каким-то не своим голосом прошу извинить меня, обещаю стать собраннее. Я бегу в лабораторию ...
Замечаю на столе анкету. Читаю: „Анкета для женщин" — и карандашом в углу: „О. Н. Воронковой". Интересно! Анкета большая ... Третий пункт: „Состав семьи"; муж один, детей двое, бабушек-дедушек, увы, нет. Дальше: „Что посещают ваши дети?" Посещают, конечно, ясли и сад. „В каких условиях живёте?" Условия прекрасные – новая квартира, тридцать шесть метров, три комнаты ... Сколько часов уходит на: „а) домашнюю работу, б) занятия с детьми, в) культурный досуг"? До-суг. Я лично увлекаюсь спортом – бегом. Туда бегом – сюда бегом. В каждую руку по сумке и ... вверх – вниз: троллейбус – автобус, в метро – из метро.
„Освобождение от работы по болезни: вашей, ваших детей за последний год". Прямо пальцем в больное место! Сколько дней? Не подсчитывала. Знаю, что много ...
Кто придумал эту анкету? Зачем она?
— Приходили демографы, — говорит Люся, — они надеются выяснить, почему женщины не хотят рожать.
Хватит про анкету. Я углубляюсь в график испытаний. На перерыв не пойду. Буду работать. ... Вторая половина дня проходит быстро и незаметно ...
Опять надо спешить: Мои возвращаются к семи. Опять перегруженный автобус, потом метро, месиво пересадки на „Белорусской".

Вторник
Сегодня я встаю нормально – в десять минут седьмого я уже готова. Чищу картошку – заготовка к ужину, – помешиваю кашу, завариваю кофе, подогреваю молоко, бужу Диму, иду поднимать ребят. В кухне что-то шипит – ой, я забыла выключить молоко!
Одеваю Гульку. Котя одевается сам, но так медленно, что невозможно ждать. Я помогаю ему. Дима накрывает к завтраку, и мы садимся за стол. Дима ест, а я не могу, выпиваю только чашку кофе. Уже без десяти семь. Пора выходить. Последние слова друг другу: „Заперла двери?" – „Деньги у тебя есть?" – „Не беги как сумасшедшая." –
Пять минут восьмого, и, конечно, я бегу. Издали, я вижу, как быстро растёт очередь на автобус. Автобусы подходят полные, сядут человек пять из очереди, потом кинутся несколько смельчаков из хвоста. Сегодня я среди смельчаков. ... В институт я успею вовремя.
Влетаю в нашу комнату, а там идёт горячий разговор об анкете. Слышались обрывки фраз: „бездетники все эгоисты", „... сами себе портят жизнь", „... каждая выбрала свою долю ...".
... По дороге домой я думаю об этом разговоре. Вспоминаю, как сотворилась Гулька. Конечно мы не хотели второго ребёнка. Дима сердился ... Но родилась Гулька и была сразу такая хорошенькая ... Мне пришлось уйти с работы. Считали копейки ... Выбирала ли я такое? Нет, конечно. Жалею ли я? Нет.

Среда

После вчерашнего разговора всем как-то неловко, все сосредоточенно работают. Я беру дневник испытаний и ухожу в электролабораторию.

В перерыв моя очередь делать закупки. Такое у нас правило — покупать продукты сразу для всех сотрудников. Перерыв выпросили с двух до трех, когда в магазинах меньше народа … За четверь до конца работы в нашу комнату набивается народ. Зина раздает билеты в театр. Культпоход — не для нас с Димой. Пытаюсь вспомнить, когда же мы ходили куда-нибудь, и не могу …

Четверг

Еду в метро, и вдруг вспомнила: сегодня же семинар, а я не предупредила Диму, что приду на полтора часа позже … Около девяти влетела в дом. Дети уже спали. В кухне за столом, заставленным грязной посудой, сидел Дима, рассматривал чертежи в журнале и ел хлеб. На полу ворох детских вещей. Дима не убрал их из протеста, не опаздывай. Делаю яичницу с колбасой. Ужинаем. Потом я отправляюсь на кухню и в ванную — убирать, стирать …

Я легла в первом часу.

Пятница

Пятница — конец недели: забот у всех куча. Что-то надо закончить на работе, выписать в библиотеке книги и журналы, большие закупки на два дня.

И еще — надо заполнить анкету. Осталось только ответить на вопрос: Сколько времени идет на домашние дела?

— Какую же неделю подсчитать — вообще или конкретно эту? — спрашивает Шура.
— Что голову ломать, — говорю я, — я беру эту неделю. Неделя как неделя …

(653 слова)

(Из: Н. Баранская, День поминовения. Издательство „Советский писатель", Москва 1989, с. 265–306.)

Пояснения к тексту

3 **учи́тывать** (несов.) berücksichtigen – 3 **вака́нтное ме́сто** unbesetzte Stelle – 10 **со́бранный** konzentriert, zielgerichtet – 19 **досу́г** Freizeit – 24 **приду́мать** (сов.) ausdenken – 29 **перегру́женный** überfüllt – 30 **ме́сиво** Durcheinander – 33 **шипе́ть** (несов.) zischen – 36 **запере́ть** (сов.) abschließen – 37 **сумасше́дшая** eine Verrückte – 39 **ки́нуться** (сов.) sich stürzen, sich werfen – 40 **смельчаки́ из хвоста́** hier: Mutige vom Schwanz der Schlange – 42 **по́ртить** (несов.) ruinieren, verderben – 43 **до́ля** Schicksal, Los – 44 **сотвори́лась** hier: (sie) wurde geboren – 47 **жале́ть** (несов.) bedauern – 52 **набива́ться** (несов.) sich ansammeln – 53 **пыта́ться** (несов.) versuchen – 55 **предупреди́ть** (сов.) im voraus, rechtzeitig mitteilen – 61 **ку́ча** Haufen – 66 **лома́ть го́лову** sich den Kopf zerbrechen

А. Задания к тексту

Ответьте на следующие вопросы.
1. Что вы узнали о семье Ольги?
2. В чём причина её опозданий на работу?
3. Как проходит семейная жизнь Воронковых, и что, по-вашему, могло бы её облегчить?
4. Как вы считаете, можно ли точно подсчитать, сколько времени уходит на занятия с детьми? Аргументируйте ваш ответ.
5. Поможет ли анкета выяснить причину снижения деторождения и решить проблему демографического кризиса?
6. Как вы думаете, почему Наталья Баранская назвала повесть „Неделя как неделя"?

Б. Задания по лексике и грамматике

1. Zeile 6: вы ... относитесь к работе
   Ersetzen Sie in der gegebenen Konstruktion das unterstrichene Wort durch folgende Wortverbindungen: изобразительное искусство, проблемы современности.
2. Zeile 4: младший сотрудник
   Zeile 17: новая квартира
   Zeile 36: последние слова
   Nennen Sie Antonyme zu den unterstrichenen Wörtern!
3. Zeile 31 bis 33: Сегодня я встаю нормально – в десять минут седьмого я уже готова ... бужу Диму, иду поднимать ребят.
   Stellen Sie die Handlungen im Präteritum dar!
4. Zeile 26: рожать
   Nennen Sie andere Wörter mit demselben Wortstamm!
5. Zeile 51: В магазинах меньше народа
   Ersetzen Sie in der gegeben Konstruktion das unterstrichene Wort durch folgende Wörter: люди, покупатели, товары, очереди.
6. Zeile 29: возвращаются к семи (a)
   Zeile 51: перерыв ... с двух до трёх (b)
   Zeile 60: легла в первом часу (c)
   Ersetzen Sie in den gegebenen Konstruktionen die unterstrichenen Wörter durch folgende Wörter: час, три часа (a); пять/шесть (b); второй (c).
7. Zeile 57: на полу
   Nennen Sie weitere Substantive, die im Präpositiv Singular nach в und на die Endung -у/-ю haben!

Name: Klasse: Datum: Text 3

В. Перевод

Переведите следующий отрывок из повести „Неделя как неделя", в котором Ольга вспоминает о том, как она познакомилась с Димой.

Было так: ОНА увидела его, ОН увидел ее, и они полюбили друг друга.
Был большой вечер в строительном институте — встреча старшекурсников с бывшими выпускниками. Шумный вечер с веселой викториной, шутками, танцами ...
Он не танцевал, а стоял, прислонившись к стене, большой, широкоплечий, и следил за ней глазами. Она заметила его. Каждым движением своим отвечала она его взгляду, ей было весело, она кружилась беспрерывно.
Когда объявили „белый танец", она подбежала к нему. „Наверное, он не танцует". Но он танцевал ловко и легко ... Он провожал ее, хотел увидеть завтра, но она уезжала. После каникул, весь февраль, появлялся он вечером в вестибюле, ждал ее у большого зеркала и провожал на Пушкинскую, где она жила.
Однажды он не пришел. Не было его и назавтра. Она обиделась. Но не думать о нем уже не могла.
Через несколько дней он появился — у зеркала, как всегда. Заговорив с девушками, она быстро пошла к выходу. Он догнал ее, сильно схватил за плечи, повернул к себе и, не обращая внимания на прохожих, прижался лицом к ее шапочке. „Я был в срочной командировке, соскучился ужасно ... Прошу тебя, поедем ко мне, к тебе – куда хочешь". Они сели в такси и ехали молча, держась за руки ... В конце апреля они поженились.

(198 слов)

Пояснения к тексту
6 **прислони́ться** (сов.) sich anlehnen – 6 **следи́ть** (несов.) beobachten, verfolgen – 7 **взгляд** Blick – 9 **бе́лый та́нец** hier: Damenwahl – 16 **схвати́ть** (сов.) (er)greifen, (an)fassen – 16 **пле́чи** Schultern – 16 **поверну́ть** (сов.) umdrehen, wenden – 17 **прижа́ться** (сов.) sich anschmiegen – 17 **командиро́вка** Dienstreise – 17 **соску́читься** (сов.) Sehnsucht haben – 18 **ужа́сно** schrecklich

Г. Сочинение

Выберите одну из нижестоящих тем, и изложите ваши мысли в письменной форме (120–150 слов).
1. Проблемы молодой семьи
   Из рассказа „Неделя как неделя" вы узнали о заботах и радостях молодой московской семьи. Как вы думаете, какие проблемы ожидают молодую семью в нашей стране?
2. Демографический кризис
   В одних странах население катастрофически растёт, а в других детей становится всё меньше. Это ведёт к определённым проблемам. Что вы знаете об этом? Выскажите ваше мнение по этому поводу.
3. Что такое счастье?
   На одной дискуссии было сказано: „Счастье – это когда утром с радостью идёшь на работу, а вечером с радостью идёшь домой". Согласны ли вы с этим?

4 Автопортрет

Так называлась анкета известного психолога из Калифорнии, доктора Фриды Порат, с которой познакомила газета „Неделя" своих читателей. Анкетные вопросы охватывали важные аспекты жизни именно молодых людей в России:

О СЕМЬЕ

1. Что для вас важнее:
a) профессиональная карьера
б) замужество
2. Что вы предпочитаете в личной жизни:
a) секс
б) благосостояние
в) духовную близость
3. Что вам ближе в человеческих отношениях
a) доброта
б) взаимопомощь
в) невмешательство
г) сила
4. Чего вы ждете от замужества (женитьбы)
a) детей
б) статус и престиж
в) получение хорошей работы
г) секс
д) спасение от одиночества
е) деньги
5. Считаете ли вы, что хорошие сексуальные отношения играют важную роль в нормальной супружеской жизни?
a) да
б) нет
6. Считаете ли вы, что старшеклассники должны слушать курсы о сексе?
a) да
б) нет

ОБ УРОВНЕ ЖИЗНИ

1. Определите, что, с вашей точки зрения, является „высоким уровнем жизни"
a) безопасность жизни
б) свобода слова
в) свобода путешествий
г) свобода передвижения
д) свобода выборов
е) разнообразие и хорошее качество пищи
ж) большие деньги
з) хорошее качество обслуживания и качественные товары
и) прекрасные квартиры
к) отличное образование
л) хорошее медицинское обслуживание
м) доверие и дружба в отношениях с окружающими
2. Хотя дома в США дороги, их можно свободно снять или купить. Здесь квартиры дешевы, но их не достаточно. Что бы вы предпочли:
a) получить жилье хорошего качества, но дорогое
б) получить субсидированное жилье плохого качества
3. Довольным ли вы своим материальным положением?
a) да
б) нет
4. Если недовольны, то кто (или что), по вашему мнению, в этом виноват?
a) общество
б) родители
в) вы сами
г) обстоятельства

О ЗДОРОВЬЕ

1. Вы курите? Если да, то сколько сигарет в день?
a) 5
б) 10
в) 20
г) 30
д) больше 30
2. Вы считаете, что это пагубная привычка?
a) да
б) нет
3. Вы употребляете алкогольные напитки?
a) нет
б) только по праздникам
в) за ужином
г) чаще
4. Вы занимаетесь физкультурой? Если да, то как часто?
a) каждый день
б) несколько раз в неделю
в) время от времени
5. Какими видами спорта вы занимаетесь?

6. Если нет, то почему?
a) не хватает времени
б) нет желания, интереса
в) гимнастический зал слишком далеко от дома, неудобно
г) слишком дорого
д) по другим причинам.

На анкету откликнулись более 7000 человек. Две трети читателей не ограничились лаконичными вариантами ответов и вложили в свои конверты пространные письма, адресованные лично Фриде Порат.

Статистической обработке подверглись 6664 анкеты. Из них: 6001 человек не забыл указать свой пол, 5154 сообщили о своем социальном статусе, 5918 не стали скрывать свой возраст, а 5779 написали, какое у них образование. Согласно этим данным, мужчины и женщины проявили примерно одинаковую активность (мужчин – 3072). Среди опрошенных больше всего оказалось работников умственного труда – 4929. По возрастной раскладке максимум пришелся на людей от 23 лет до 41 года.

А теперь краткие итоги в процентах.

О СЕМЬЕ

1. Профессиональная карьера предпочтительнее для 29,9 процента; 53,4 выбирают супружество.
2. Ценности личной жизни расставлены в таком порядке: секс – 26,1, благосостояние – 39,4, духовная близость – 74,1.
3. Большинство опрошенных выбирает в сфере человеческих отношений доброту – 64,8, меньшинство – силу: 2,2.
4. С большим отрывом идут впереди те, кто прежде всего ждет от замужества (женитьбы) детей – 58,0.
5. Почти все (90 процентов) категорически утверждают, что хорошие сексуальные отношения играют важную роль в супружеской жизни.
6. Большинством голосов читатели утверждают, что старшеклассники должны слушать курсы лекций о сексе – 89,8. Против лишь 7,1.

ОБ УРОВНЕ ЖИЗНИ

1. Показателем высокого уровня жизни большинство ответивших считает хорошее качество обслуживания и качественные товары – 57,3 процента.
2. Многие предпочли бы иметь жилье хорошего качества, но дорогое – 80.
3. Подавляющее большинство недовольно своим материальным положением – 81,5.
4. Главным виновником создавшегося положения называется общество – 60,2.

О ЗДОРОВЬЕ

1. Большинство наших курящих читателей выкуривает от 10 до 20 сигарет в день – 8,2 процента.
2. Тем не менее почти все они считают эту привычку пагубной – 87,6 процента. Довольны ею лишь 5,3.
3. Алкогольные напитки употребляют по праздникам – 63 процента, за ужином – 2,7; чаще – 5,5. Не употребляют совсем – 26.
4. Каждый день занимается физкультурой – 13,3; время от времени – 50,1.
5. Самый популярный вид спорта бег – 19,8. Некоторые занимаются плаванием – 13,9 и гимнастикой – 9,7.
6. У большинства же тех, кто не занимается спортом, просто не хватает для этого времени – 21,2.

(599 слов)

(Из газеты „Неделя" 35/1989 и 1/1990)

Пояснения к тексту

2 **охва́тывать** (несов.) umfassen – 8 **предпочита́ть** (несов.) den Vorrang geben – 11 **благосостоя́ние** Wohlstand – 12 **духо́вный** geistig, seelisch, ideell – 17 **невмеша́тельство** Nichteinmischung – 4 **у́ровень жи́зни** Lebensstandard – 8 **безопа́сность** Sicherheit – 11 **свобо́да передвиже́ния** Freizügigkeit – 13 **ка́чество** Qualität – 25 **снять кварти́ру** (eine Wohnung) mieten – 31 **субсиди́рованное жильё** subventionierte Wohnung – 39 **винова́тый** schuldig – 12 **па́губная привы́чка** verhängnisvolle Gewohnheit – 44 **откли́кнуться** (сов.) ответить – 45 **простра́нный** ausführlich – 51 **по возрастно́й раскла́дке** bezüglich des Alters – 66 **отры́в** hier: Vorsprung – 68 **подавля́ющее большинство́** hier: überwiegende Mehrheit

Name: Klasse: Datum: Text 4

A. Задания к тексту

Ответьте на следующие вопросы.
1. Как вы думаете, какая связь состоит между карьерой и замужеством; как к ним относятся мужчины и женщины?
2. Какой ответ читателей вызвал у вас удивление?
3. Какие основные права человека названы в анкете?
4. Какие факторы, кроме названных в тексте, влияют на здоровье человека?
5. Какие ещё вопросы хотели бы задать вы молодым людям в России?

Б. Задания по лексике и грамматике

1. Zeile 13: ближе
   Zeile 21: чаще
   Bestimmen Sie beide Wortformen!
2. Zeile 16: взаимопомощь
   Zeile 22: физкультура
   Zeile 33: старшеклассники
   a) Zerlegen Sie jedes dieser Wörter in seine Bestandteile, und nennen Sie die dem jeweiligen Kompositum zugrunde liegenden Wörter!
   b) Geben Sie die Definition des Begriffes „старшеклассник" in Russisch!
3. Zeile 19: от замужества (женитьбы)
   a) Nennen Sie den Nominativ der unterstrichenen Wörter!
   b) Erläutern Sie den Gebrauch beider Wörter!
4. Zeile 76: не хватает времени
   Ersetzen Sie das unterstrichene Wort durch folgende Wörter bzw. Wortverbindungen: сила воли, способность, терпение, деньги, знания и умения.
5. Zeile 51: от 23 лет до 41 года
   Zeile 56: 53,4 (процента)
   Schreiben Sie die unterstrichenen Zahlen als Zahlwörter!
6. Zeile 55: старшеклассники должны слушать курсы
   Ersetzen Sie diese Konstruktion durch eine synonyme!
7. Zeile 54: большинство наших курящих
   Ersetzen Sie die gegebene Konstruktion durch eine synonyme syntaktische Konstruktion!

В. Перевод

Переведите следующую сказку Л. Н. Толстого на немецкий язык.

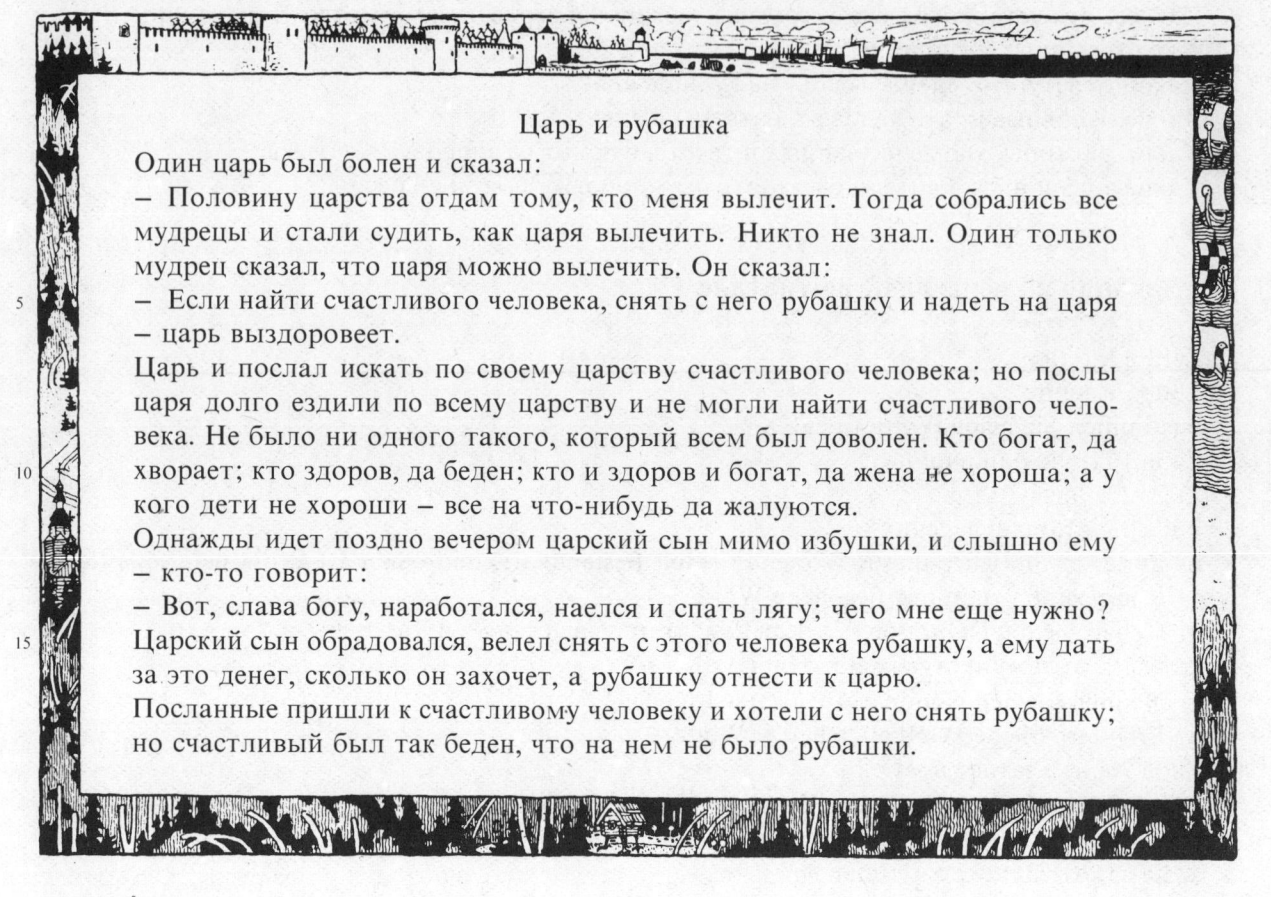

Царь и рубашка

Один царь был болен и сказал:
— Половину царства отдам тому, кто меня вылечит. Тогда собрались все мудрецы и стали судить, как царя вылечить. Никто не знал. Один только мудрец сказал, что царя можно вылечить. Он сказал:
— Если найти счастливого человека, снять с него рубашку и надеть на царя — царь выздоровеет.

Царь и послал искать по своему царству счастливого человека; но послы царя долго ездили по всему царству и не могли найти счастливого человека. Не было ни одного такого, который всем был доволен. Кто богат, да хворает; кто здоров, да беден; кто и здоров и богат, да жена не хороша; а у кого дети не хороши — все на что-нибудь да жалуются.

Однажды идёт поздно вечером царский сын мимо избушки, и слышно ему — кто-то говорит:
— Вот, слава богу, наработался, наелся и спать лягу; чего мне ещё нужно?

Царский сын обрадовался, велел снять с этого человека рубашку, а ему дать за это денег, сколько он захочет, а рубашку отнести к царю.

Посланные пришли к счастливому человеку и хотели с него снять рубашку; но счастливый был так беден, что на нём не было рубашки.

(184 слова)

Пояснения к тексту

2 **ца́рство** Zarenreich – 2 **вы́лечить** (сов.) heilen – 3 **мудре́ц** Weiser – 6 **вы́здороветь** (сов.) wieder gesund werden – 7 **посо́л, по́сланный** Gesandter – 10 **хвора́ть** болеть – 11 **жа́ловаться** (несов.) klagen – 12 **избу́шка** Hütte, Bauernhütte – 14 **наработа́ться** (сов.) zur Genüge, genug arbeiten – 14 **нае́сться** (сов.) sich satt essen

Г. Сочинение

Выберите одно из нижестоящих заданий и изложите ваши мысли в письменной форме (120–150 слов).

1. Дайте подробные ответы на некоторые из вопросов анкеты и аргументируйте их.
2. Напишите, какие мысли у вас вызывает сказка Толстого.
3. Попробуйте пересказать другую сказку (например братьев Гримм). Если вы можете, придумайте свою.

5 Какую фамилию носил Иван Грозный?

Представим себе на минуту фантастическую ситуацию: в наши руки попала машина времени, которая позволяет переносить в современность людей, хорошо известных в русской истории, и задавать „гостям" из прошлого разнообразные вопросы. Пусть одним из таких гостей будет русский царь (с 1547 г.) Иван Грозный. Уже первые элементарные вопросы ин-
5 тервью могли бы поставить Грозного в тупик. На первые два вопроса он ответил бы без затруднений: „Ваше имя?" – „Иван". „Ваше отчество?" – „Васильевич" (Иван Грозный был сыном русского царя Василия III). Однако на третий вопрос – „Ваша фамилия?" – Иван Грозный не смог бы ответить. Почему? По двум причинам. Во-первых, ему не было известно слово „фамилия" в его современном значении. Во-вторых, у него самого не было
10 фамилии. Как это ни парадоксально звучит, большинство населения России не имело фамилий буквально до конца XIX века.
Появление и распространение фамилий в минувшие эпохи было сложным и очень длительным процессом. Он зависел прежде всего от степени социально-экономического развития общества. ... В России княжеские, а за ними боярские фамилии возникли с XIV до сере-
15 дины XVI века, помещичьи – формировались в XVI – XVII веках; ... фамилии духовенства созданы только в XVIII и первой половине XIX века, а подавляющее большинство крепостных крестьян и до середины XIX века ещё не имело фамилий.
... Во время переписи населения России в 1897 году стало известно, что почти 75 процентов сельского населения не имеет фамилий ... Наделение значительного числа людей фа-
20 милиями происходило в связи с призывом в армию во время русско-японской войны (1904–1905 гг.) и во время первой мировой войны. „Верхней границей" завершения массового процесса получения фамилий в стране можно считать конец 20- середину 30-х годов.

... Большинство русских фамилий образовано из отчеств. Поэтому многие фамилии несут в своем составе христианские или древнерусские имена: фамилия Петров когда-то была отчеством и означала просто „Петров сын, сын Петра". Большая часть княжеских (а потом и боярских) фамилий указывала на те земли, которые принадлежали феодалу, или на местность, откуда он был родом. Так, в основу фамилии боярина Шуйского легло название реки и города – Шуя.

... Многие русские фамилии образованы и от прозвищ. Прозвища давали людям их родственники, соседи, те, кто с ними вместе трудился, жил. Причем в прозвищах, как правило, отражались какие-то характерные черты данного человека ... Нередко в качестве прозвища человек получал название какого-нибудь животного или птицы. Одного человека за драчливость могли прозвать – Петухом, другого за длинные ноги – Журавлем, третьего за способность всегда вывернуться – Ужом. От них могли возникнуть фамилии Петухов, Журавлев, Ужов.

Среди фамилий купцов были и такие, в которых отражалась специфика профессии их носителей. Фамилия Рыбников, к примеру, образована от слова „рыбник", имевшего значение „торговец рыбой".

Один из путей появления фамилий у русских – усвоение готовых иноязычных фамилий ... Часто фамилии осваивались только фонетически и грамматически, оставаясь без значительных изменений. Поэтому сейчас можно найти таких русских людей, которые носят фамилию Штольц, Фишер, Шварц ... Порой у людей появлялось желание не выделяться среди окружающих, и они переводили свои фамилии. Так фамилия Шварц могла превратиться в Чернов, Цукерман – в Сахаров, ... Вайс – в Белов.

45 ... Если вернуться к слову Грозный, то становится ясно, что оно выполняло функцию прозвища. Оно несло яркую характеристику, но оно не было передано по наследству. Царя Ивана IV Васильевича современники назвали Грозным за крутой и решительный характер, который имел черты необузданности и проявлялся во всем – начиная от политики и кончая личной жизнью.

(529 слов)

(Из: М. Горбаневский, Иван да Марья. Издательство „Русскии язык",
Москва 1988, und Brückenverlag, Düsseldorf 1988, с. 60–70.)

Пояснения к тексту
3 **пусть будет** mag, soll sein – 5 **поставить в тупик** in Verlegenheit bringen – 8 **по двум причинам** aus zwei Gründen – 12 **появление** hier: Entstehung – 12 **минувший** прошлый – 13 **степень** Grad, Stufe – 14 **княжеский** Fürsten- (in Zus.) – 14 **боярский** Bojaren- (in Zus.) – 15 **помещичий** Gutsbesitzer- (in Zus.) – 15 **духовенство** Klerus, Geistliche – 16 **подавляющее большинство** überwiegende Mehrheit – 17 **крепостной крестьянин** leibeigener Bauer – 18 **перепись населения** Volkszählung – 19 **наделение фамилиями** Namensgebung – 20 **в связи с призывом в армию** bei der Einberufung – 26 **принадлежать** (несов.) gehören – 29 **прозвище** Spitzname – 31 **отражаться** (несов.) sich widerspiegeln – 33 **драчливость** Rauflust, – 33 **петух** Hahn – 33 **журавль** Kranich – 34 **вывернуться** (сов.) sich aus einer schwierigen Lage herauswinden – 35 **уж** Natter – 36 **купец, купцы** Kaufmann, Kaufleute – 39 **усвоение** Aneignung – 42 **выделяться** (несов.) sich unterscheiden – 46 **передать по наследству** vererben – 47 **крутой** hier: hart, streng – 48 **необузданность** Zügellosigkeit, Unbändigkeit

| Name: | Klasse: | Datum: | Text 5 |

А. Задания к тексту

Ответьте на следующие вопросы.
1. Почему Иван Грозный не смог бы ответить на вопрос о фамилии?
2. Когда возникли первые фамилии в России?
3. Какой принцип образования фамилий был наиболее распространённым?
4. Что отражалось в фамилиях и прозвищах людей?
5. Объясните, как, по-вашему, могли возникнуть такие фамилии, как: Чайковский, Ломоносов, Павлов, Носов, Романов.

Б. Задания по лексике и грамматике

1. Zeile 4 : элементарные вопросы
   Zeile 9 : в современном значении
   Zeile 19 : сельского населения
   Ersetzen Sie die unterstrichenen Wörter durch Antonyme!
2. Zeile 14 : с XIV до середины XVI века
   Schreiben Sie in der gegebenen Konstruktion die Zahlen als Zahlwörter!
3. Zeile 21 : верхней границей ... можно считать
   a) Nennen Sie die unterstrichene Wortverbindung im Nominativ!
   b) Ersetzen Sie in der gegebenen Konstruktion die unterstrichene Wortverbindung durch folgende Wortverbindungen: хорошие люди, историческая достопримечательность, большое достоинство.
4. Zeile 23 : фамилии образованы
   a) Bestimmen Sie die unterstrichene Form!
   b) Wie lautet das Futur dieser Konstruktion?
5. Zeile 32 : название какого-нибудь животного
   Ersetzen Sie in dieser Wortverbindung das unterstrichene Wort durch jedes der nachfolgenden Wörter: птица, профессия, привычки. Schreiben Sie jeweils die gesamte Wortverbindung!
6. Zeile 43 : среди окружающих (людей)
   a) Bestimmen Sie die unterstrichene Wortform!
   b) Bilden Sie mit „окружающий, -ая, -ее, -ие" zwei weitere sinnvolle Wortverbindungen im Nominativ!

В. Перевод

Переведите следующие тексты (по выбору).

1-ый текст

Иван IV Васильевич ГРОЗНЫЙ (25. 8. 1530– 18. 3. 1584), великий князь с 1533, первый русский царь (с 1547).

Иван Грозный сыграл большую роль в разработке официальной идеологии „самодержавства", которой придерживался сам в отношениях с подданными, в переговорах с иностранными послами, в укреплении сильной централизованной власти в России.

Иван IV получил в народе прозвище „Грозного", отразившее представление о нём как о могущественном правителе, но царе-тиране, деспоте. Он совершал кровавые расправы и массовые репрессии, от которых гибли и его политические противники, и десятки тысяч крестьян.

Мнительность и недоверчивость его характера с годами усиливались. Это отразилось в вспышках необузданного гнева (в результате одной из них он в 1582 убил своего сына Ивана Ивановича).

(107 слов)

(Из БСЭ)

В. М. Васнецов
Царь Иван Васильевич Грозный
1897

Пояснения к тексту

5 **самодержа́вство** Selbstherrschaft 6 **приде́рживаться** (несов.) sich halten an – 7 **подданный** Untergebener, Untertan – 10 **про́звище** Spitzname – 11 **отрази́ть** widerspiegeln – 13 **крова́вая распра́ва** Blutbad, Gemetzel – 14 **ги́бнуть** (несов.) umkommen, sterben – 17 **мни́тельность** (krankhafte) Ängstlichkeit – 17 **недове́рчивость** (krankhaftes) Mißtrauen – 18 **уси́ливаться** (несов.) sich verstärken – 19 **вспы́шка необу́зданного гне́ва** gewaltiger Zornausbruch

2-ой текст

МОСКВА
ТЕЛЕФОНЫ И АДРЕСА

Любая телефонная книга может показать огромное разнообразие русских фамилий, с одной стороны, и частую употребительность некоторых фамилий, с другой стороны. В русском языке есть фамилии, широко распространенные (количество их носителей измеряется десятками, сотнями тысяч!), а есть и необыкновенные, редкие, часто представленные
5 только одним-двумя примерами. В этом очень легко убедиться, если поинтересоваться фамилиями москвичей ... Около девяноста тысяч москвичей — мужчин и женщин — носят фамилию Иванов. Тысячу раз в столице встречается сочетание Иван Иванович Иванов ... Хотите узнать, где в Москве прописан Александр Сергеевич Пушкин? Пожалуйста. Работники адресного бюро назовут вам пятнадцать московских адресов, где живут
10 полные тезки великого русского поэта ... А всего в столице проживает около 3 тысяч человек, которые носят фамилию Пушкин.
Любопытные закономерности можно проследить среди фамилий, образованных от названий животных (которые, вероятно, раньше могли быть прозвищами людей). Москвичей по фамилии Ежов в столице живёт 4 тысячи, а по фамилии Ужов — всего тридцать человек. А
15 вот очень редкая фамилия, она состоит всего из одной буквы — Е.

(167 слов)

(Из: М. Горбаневский, Иван да Марья. Издательство „Русский Язык",
Москва 1988, und Brückenverlag, Düsseldorf 1988, с. 73–74.)

Пояснения к тексту
2 **частая употребительность** hohe Gebrauchshäufigkeit – 3 **количество измеряется** hier: die Anzahl beträgt – 10 **полная тёзка** Namensvetter gleichen Vor-, Vaters- und Familiennamens – 12 **любопытный** hier: interessant – 12 **закономерность** Gesetzmäßigkeit – 12 **проследить** hier: feststellen – 13 **прозвище** Spitzname – 14 **ёж** Igel – 14 **уж** Natter

Г. Сочинение

1. В немецком языке также есть фамилии, которые образованы от имён и прозвищ. Приведите несколько примеров и попробуйте объяснить их образование и распространение.
2. Напишите о том, как люди в Германии, вступая в брак, решают проблему „Чью фамилию носить, мужа или жены?". А вы лично, что думаете об этом?

6 День Льва Толстого
(Воспоминания Н. Н. Гусева, секретаря Л. Н. Толстого в 1907 – 1910 гг.)

... Льву Николаевичу в это время было уже семьдесят девять лет. Физический труд, который он так любил, — пахота, косьба, как это изображено на превосходных картинах Репина и Пастернака, длинные пешеходные путешествия из Москвы в Ясную Поляну (двести километров) остались уже далеко позади. В эту пору жизни два главных дела сосредоточивали
5 на себе внимание Толстого: писательство и личные или письменные отношения с людьми ...
Лев Николаевич вставал обычно около восьми часов утра и, умывшись, шёл на прогулку. Эта утренняя прогулка длилась обыкновенно не долго, от получаса до часа. Гулял он почти всегда один ...
10 Вернувшись с прогулки, проходя через столовую, Лев Николаевич забирал с собой разобранную мною его почту: письма, книги, рукописи ...
Придя к себе в кабинет, Лев Николаевич садился за кофе и тут же начинал читать письма. У него была манера читать их с конца, а не с начала; он говорил, что обычно в конце пишется самое важное. На конверте каждого письма Толстой делал пометы. Иные он откладывал,
15 имея в виду ответить на них позднее; на других писал: „Н. Н. ответить", что означало, что он поручил ответить мне; на некоторых надписывал: „Б. о." (без ответа). Это были такие письма, которые не казались Толстому достаточно серьёзными. Иногда Толстой писал на конвертах не только „Б. о.", но прибавлял ещё две другие буквы: „Гл.", что в общей сложности означало: „Без ответа, глупое".
20 Прочитав письма, Лев Николаевич нажимал на хвост металлической черепахи, стоящей на его письменном столе, и раздавался звонок. Я уже знал: это означает, что Лев Николаевич намерен продиктовать мне ответы на письма. Я немедленно приходил с карандашом и бумагой ...
Иногда после прогулки, а иногда перед прогулкой, но непременно каждое утро Лев Нико-
25 лаевич прочитывал из им самим составленных его любимых книг: „Круг чтения" и „На каждый день", содержащих мысли мудрецов всех времён и народов о главнейших вопросах жизни. И, покончив со всеми этими делами, Лев Николаевич принимался за работу.
Во время работы он нуждался в абсолютной тишине: затворял двое дверей, которые вели из его кабинета в столовую, и чрезвычайно редко выходил из своего кабинета по какому-
30 нибудь делу ...
Метод работы Толстого над своими произведениями известен: он состоял в бесчисленных исправлениях и переработках написанного. Он считал ..., что писатель не должен выпу-

| Name: | Klasse: | Datum: | Text 6 |

...скать из рук свое произведение, пока не вложит в него все, что может ...
Эта напряженная утренняя работа продолжалась у Толстого часа четыре, пять – смотря по
35 состоянию здоровья.
Окончив работу, Толстой выходил к завтраку. Стол его был строго вегетарианский: он не
ел ни мяса, ни рыбы. Ел Толстой вообще очень немного ...
Во время завтрака Толстого уже дожидались посетители, приезжавшие с разных концов
страны, чтобы побеседовать с ним по волновавшим их вопросам или получить от нечго
40 моральную поддержку ...
Позавтракав и поговорив с посетителями, Лев Николаевич отправлялся пешком или верхом на прогулку ...
Возвратившись с прогулки, Лев Николаевич обыкновенно очень усталый, ложился спать на час или полтора.
45 Обед подавался часов в шесть или в начале седьмого ... За обедом всегда были интересные разговоры; часто Толстой рассказывал о своих впечатлениях во время прогулки ...
Вечерами Лев Николаевич уже не работал так напряженно, как днем. Или, сидя у себя в кабинете, читал, или писал письма, или же участвовал в общих разговорах в столовой, если бывал кто-либо из приезжих родственников или гостей ...
50 На большинстве портретов и фотографий Толстого на вас глядит суровое, иногда скорбное лицо; но в общении с людьми Лев Николаевич ... любил шутки, любил смех, охотно слушал безобидные рассказы и сам смеялся тихим, но заразительным смехом ...
Любил Лев Николаевич по вечерам играть и в шахматы. Это занятие давало отдохновение его вечно напряженно работавшей голове.
55 В десятом часу подавался чай, к которому Лев Николаевич всегда выходил, если в первую часть вечера и не был в столовой. Расходились обыкновенно около одиннадцати часов, редко позже. Лев Николаевич со всеми прощался, каждому из посторонних подавал руку. Рукопожатие его было особенное, – он действительно хотел и старался вызвать и усилить в себе искреннее доброжелательное отношение к каждому человеку, с которым сводила его
60 жизнь.

(Из: Л. Н. Толстой. Повести, воспоминания современников.
(640 слов) Издательство „Правда", Москва 1990, с. 347–356.)

Пояснения к тексту
2 **пахота́** Pflügen, Ackern – 2 **косьба́** Mähen, Mahd – 2 **изобрази́ть** (сов.) darstellen – 4 **сосредото́чивать внима́ние** hier: besondere Aufmerksamkeit schenken – 8 **дли́ться** (несов.) dauern – 10 **разобра́ть** (сов.) ordnen – 12 **тут же** сразу – 14 **поме́та** Vermerk, Notiz – 18 **прибавля́ть** (несов.) ergänzen, hinzufügen – 18 **в о́бщей сло́жности** alles in allem, insgesamt – 20 **хвост** Schwanz – 20 **черепа́ха** Schildkröte – 22 **наме́рен** er beabsichtigt – 28 **затворя́ть** (несов.) закрывать – 57 **посторо́нний** hier: Fremder – 58 **рукопожа́тие** Händedruck

А. Задания к тексту

Ответьте на следующие вопросы.
1. Расскажите кратко о распорядке дня Льва Толстого.
2. Что показалось вам необычным в нём?
3. Найдите в тексте те места, которые рассказывают о том, как Лев Толстой относился к окружающим.
4. Что он делал для того, чтобы быть здоровым и работоспособным?
5. В чём состояла работа секретаря Л. Н. Толстого?

Б. Задания по лексике и грамматике

1. Zeile 12: <u>придя</u> к себе в кабинет, Лев Николаевич садился
   Zeile 25: Лев Николаевич прочитывал из им самим <u>составленных</u> ... книг
   a) Bestimmen Sie die unterstrichenen Wortformen!
   b) Ersetzen Sie die zweite Konstruktion durch eine synonyme syntaktische Konstruktion!
2. Zeile 11: рукописи
   Geben Sie eine Definition dieses Begriffs in Russisch!
3. Zeile 26: мысли мудрецов <u>всех времён</u>
   Nennen Sie den Nominativ Plural der unterstrichenen Wortverbindung!
4. Zeile 28: он нуждался в <u>абсолютной тишине</u>
   Ersetzen Sie die unterstrichene Wortverbindung durch folgende Wörter bzw. Wortverbindungen: срочная помощь, дружеский совет, деньги.
5. Zeile 28: двое <u>дверей</u>
   Ersetzen Sie das unterstrichene Wort durch folgende Wörter: друзья, сутки, очки.
6. Zeile 29: по <u>какому-нибудь делу</u>
   Setzen Sie die unterstrichene Wortverbindung innerhalb der gegebenen Konstruktion in den Plural!
7. Zeile 34: часа четыре, пять
   Zeile 45: часов в шесть
   Ersetzen Sie die gegebenen Konstruktionen jeweils durch eine synonyme syntaktische Konstruktion!

В. Перевод

Переведите три абзаца текста с 20 строки (начиная с „Прочитав письма ...") до 30 строки (кончая „ ... по какому-нибудь делу.").

Г. Сочинение

Напишите сочинение (120–150 слов). Ответьте в нём на вопросы на одну из данных тем.

1. О самодисциплине
Для Толстого была характерна строгая самодисциплина. А как вам удаётся достичь того, чего вы желаете? Помогает ли вам в этом строгий распорядок дня?

2. Об интересе к литературе
Книги Льва Толстого затрагивают важные исторические события („Война и мир"), а также и сложные человеческие проблемы („Анна Каренина"). Знаете ли вы одно из произведений Толстого, и о чём говорится в нём? Какие темы вас больше всего интересуют в литературе? Представьте одно из прочитанных вами произведений и аргументируйте ваш выбор.

7 Дела текущие...
Из записной книжки делового человека

В 20 лет

Бросить курить! Поступить, как Аркашка, на курсы французского языка. Собрать библиотеку отечественной фантастики. К зиме купить себе теплую стеганую куртку 48-го размера. Запломбировать два верхних зуба. После чего сделать предложение Оле и, если она откажет, жениться на Кате. Регулярно посещать тренировки по волейболу, чтобы попасть в сборную города и съездить с ней на соревнования.

А главное – закончить институт не напрягаясь; потому что, как говорят сокурсники, лучше иметь обыкновенный синий диплом и красное лицо, чем красный диплом с отличием и синее лицо!

В 30 лет

Как можно скорее закончить чертежи аэродинамической трубы, чтобы, вернувшись с симпозиума в Париже, Аркадий дал мне место ведущего инженера!
Бросить курить! Вырвать два верхних зуба.
К зиме купить себе теплое пальто 54-го размера.
По утрам делать полуторачасовые пробежки по скверу.
Французский выучить до такой степени, чтобы свободно читать со словарем.

В 40 лет

Несмотря на ошибки в чертежах, как можно скорее собрать аэродинамическую трубу, чтобы, вернувшись с конгресса в Риме, Аркадий дал мне, наконец, место ведущего инженера!
Бросить курить натощак более семи сигарет.
Вставить два верхних зуба. Вырвать четыре нижних.
К зиме купить детям шубки.
Собрать библиотеку Всемирной литературы и за год прочесть хотя бы два тома. Французский выучить до такой степени, чтобы на нем свободно читать французско-русский словарь.
По утрам делать полуторачасовые пробежки по балкону.
Жену свозить на лето в Прибалтику и к невропатологу.

В 50 лет

Несмотря на ошибки в чертежах и неправильную сборку, запустить аэродинамическую трубу и, если останусь жив, потребовать место ведущего инженера.
Старшему сыну купить зимнее пальто 58-го размера. Заодно перчатки себе.
С Нового года во что бы то ни стало бросить курить затягиваясь. Подписаться на Малую медицинскую энциклопедию, а на ночь приучиться пить только чай. Без сахара. И без заварки.
На лето с женой съездить в Подмосковье. Из подмосковного леса привезти какую-нибудь корягу, похожую на Аркадия Михайловича. Поставить ее в прихожей и каждое утро, уходя на работу, пинать ногами!!!

В 60 лет

Устроить внука в детский сад с французским языком. И начать учить язык вместе с ним.
Количество приседаний по утрам на балконе довести до трех.
Договориться с хорошим зубным врачом. Для сына.
Бросить мечту бросить курить.
С Аркадием помириться. Жену положить в хорошую клинику на обследование. В ее отсутствие переклеить обои в комнатах и сменить звонок в прихожей на „ку-ка-ре-ку".
Из морально устаревшей аэродинамической трубы сделать кондиционер для кухни, чтобы все запахи со сверхзвуком перегонять к соседям.
Уйти на пенсию. Снять домик за городом. Уехать туда на лето вместе с женой. Не забыть на это время попросить у кого-нибудь Толстого. Надо же его когда-нибудь прочесть!

В 70 лет (последняя запись)

Вчера мне исполнилось семьдесят. Были Аркадий с Валей. Веселились, как в двадцать! Аркашка много рассказывал о своих путешествиях, симпозиумах, конгрессах ... Но самое главное — он весь вечер завидовал тому, какой я замечательный инженер! В каких только странах он ни бывал, а такого кондиционера, как у нас в кухне, нигде, никогда не видел!

(482 слова)

Михаил Задорнов (Из журнала „Спутник", 2/1985, с. 100–102.)

Пояснения к тексту

1 **дела́ теку́щие** alltägliche Dinge – 2 **делово́й челове́к** hier: geschäftiger Mensch – 5 **стёганый** abgesteppt, wattiert – 10 **напря́чься** (сов.) sich anstrengen – 11 **соку́рсник** студент того же курса – 14 **чертёж** (technische) Zeichnung – 14 **аэродинами́ческая труба́** Windkanal – 19 **пробе́жка** бег – 25 **натоща́к** auf nüchternen Magen – 32 **свози́ть** (несов.) hinbringen – 36 **заодно́** одновременно – 38 **во что бы то ни ста́ло** обязательно – 38 (кури́ть) **затя́гиваясь** Rauch einziehen, inhalieren – 39 **подписа́ться** (сов.) subskribieren – 40 **приучи́ться** (сов.) привыкнуть – 40 **зава́рка** Aufguß – 42 **коря́га** hier: Stück eines Baumes – 43 **прихо́жая** передняя, коридор – 44 **пина́ть** (несов.) einen Tritt geben – 45 **устро́ить** (сов.) unterbringen – 47 **приседа́ние** Kniebeuge – 51 **переклеи́ть обо́и** tapezieren – 52 **смени́ть** (сов.) etwas ersetzen, austauschen – 54 **кондиционе́р** Klimaanlage, – hier: Luftfilterhaube, Dunsthaube – 54 **со сверхзву́ком** mit Überschallgeschwindigkeit – 54 **перегоня́ть** (несов.) (hinüber)treiben

А. Задания к тексту

Ответьте на следующие вопросы.
1. Что вы узнали о привычках и мечтах героя рассказа? Какие из мечтаний ему удалось осуществить?
2. Какие отношения у героя с начальником, и какова его служебная карьера?
3. Что он делает для своего здоровья?
4. Что можно узнать из записной книжки героя о его семье?
5. Какие дела текущие могли бы стоять в вашей записной книжке?

Б. Задания по лексике и грамматике

1. Zeile 7: если она откажет
   Zeile 18: тёплое пальто
   Zeile 40: без сахара
   Nennen Sie Antonyme zu den unterstrichenen Wörtern!
2. Zeile 22: несмотря на ошибки
   Ersetzen Sie das unterstrichene Wort durch folgende Wortverbindungen: большие трудности, плохая погода, тяжёлая болезнь.
3. Zeile 22: как можно скорее
   Ersetzen Sie das unterstrichene Wort durch folgende Wörter: хорошо, дёшево, тихо, громко, коротко.
4. Zeile 25: более семи сигарет
   Ersetzen Sie das unterstrichene Wort durch 3, 10, 40 (als Zahlwörter geschrieben)!
5. Zeile 56: попросить Толстого
   Ersetzen Sie das unterstrichene Wort durch folgende Wörter: Достоевский, Гоголь, Глинка, Шиллер, Гёте.
6. Zeile 57: мне исполнилось семьдесят
   Drücken Sie diesen Sachverhalt im Futur aus!
7. Zeile 62: нигде, никогда не видел
   a) Bestimmen Sie die unterstrichenen Wortformen!
   b) Ersetzen Sie „никогда" jeweils durch никто und ничто!

Name:　　　　　　　Klasse:　　　　　　　Datum:　　　　　　　Text 7

B. Перевод

Переведите следующие тексты (по выбору).

1-ый текст

Подвержены ли вы стрессу?
Это вы узнаете, если вы ответите на вопросы теста. За каждый утвердительный ответ начисляется одно очко, за каждый отрицательный – пять очков.

1. Успеваете ли вы каждый день обедать?
2. Спите ли вы семь – восемь часов в сутки?
3. Спокойно ли протекает ваша семейная жизнь?
4. Есть ли у вас друг, готовый помочь в трудную минуту?
5. Занимаетесь ли регулярно спортом?
6. Курите ли?
7. Соответствует ли вес вашему росту?
8. Хватает ли ваших карманных денег на покрытие всех расходов?
9. Имеете ли твердые убеждения?
10. Регулярно ли ходите в кино и театр?
11. Много ли у вас знакомых и друзей?
12. Делитесь ли с ними назревшими проблемами?
13. Жалуетесь ли на свое здоровье?
14. Сохраняете ли спокойствие во время ссоры?
15. Находите ли время для отдыха?
16. Умеете ли рационально организовать свое время?
17. Пьете ли каждый день крепкий чай или кофе?
18. Любите ли спать днем?

Теперь подсчитайте очки. Менее 30 очков – вы вообще не поддаетесь стрессу; 30–49 очков – легко относитесь к стрессовым ситуациям; 50–74 очка – с трудом справляетесь с ними; более 75 очков – чтобы выйти из стресса, вам требуется помощь друзей или медицины.

(173 слова)

(По газете „Неделя" 35/89)

Пояснения к тексту
1 **подверженный** neigen zu, anfällig für – 4 **утвердительный ответ** positive Antwort – 5 **очко** Punkt – 6 **отрицательный ответ** negative Antwort – 12 **протекать** (несов.) verlaufen – 1 **соответствовать** entsprechen – 3 **карманные деньги** Taschengeld – 4 **покрытие расходов** Deckung der Ausgaben – 6 **убеждение** Überzeugung – 12 **делиться** (несов.) mitteilen, anvertrauen – 12 **назревший** herangereift – 14 **жаловаться** (несов.) klagen – 11 **поддаваться стрессу** hier: streßgefährdet sein – 14 **справляться** (несов.) zurechtkommen – 16 **требоваться** (несов.) erforderlich sein, brauchen

2-ой текст

Если бы ...
Часто мы слышим такую фразу:
— Если бы Ленин был жив ... Что бы было? Ну, я-то знаю, что тогда было бы. Он бы тут же умер. А вот что бы было, если бы Сталин был жив, не дай Бог, конечно. Но, допустим, чисто теоретически:
5   Вот в один прекрасный день Сталин гуляет по Москве. Заходит в магазин, спрашивает у продавца, молодого парня:
— А почему икры нет, мяса?
Продавец говорит:
— Папаша, ты что, с луны свалился?
10 Сталин себе под нос:
— Расстрелять!
Пошел Сталин дальше, а бывший прокурор рядом идет и все ему рассказывает:
— Без вас, товарищ Сталин, здесь такие безобразия начались. После 53-ого года всех заключенных выпустили.
15 — Быть такого не может. Какой же социализм без заключенных?
— Точно говорю, товарищ Сталин, это все Хрущев, он ваш культ развенчал.
Сталин говорит:
— Расстрелять!
— Да умер он уже, — говорит бывший прокурор.
20 Сталин отвечает:
— Расстрелять посмертно, а семью посадить!
— Нельзя, товарищ Сталин, у нас теперь правовое государство, демократия, одним словом, кошмар.
Сталин говорит:
25 — А, пропадите вы пропадом со своей демократией. Вспомните еще обо мне.
Плюнул на прокурора и ушел.

(173 слова)

По Лиону Измайлову (Огонек 6/1990)

Пояснения к тексту
9 **свали́ться** (сов.) herunterfallen – 11 **расстреля́ть** (сов.) erschießen – 12 **прокуро́р** Staatsanwalt – 16 **развенча́ть** (сов.) enthüllen, entlarven – 21 **посме́ртно** postum, nach dem Tod – 22 **правово́й** Rechts- (in Zus.) – 23 **кошма́р** Alptraum – 25 **пропади́те про́падом** Schert euch zum Teufel – 26 **плю́нуть** (сов.) spucken

| Name: | Klasse: | Datum: | Text 7 |

Г. Сочинение

Выберите одно из нижестоящих заданий, и изложите ваши мысли в письменной форме (120–150 слов).

1. У героя рассказа „Дела текущие" есть трудности в изучении французского языка. Расскажите о том, каких успехов вы добились в изучении иностранных языков. Какие ещё языки вы хотели бы изучить и почему?
2. Представьте себе, что вы хотите поступить в какое-либо учебное заведение или на работу. Напишите краткую биографию и дайте себе характеристику, упоминая в ней ваши способности, знания, умения, интересы ...